Marc Hohmann

IT-Security - Biometrische Verfahren

GRIN Verlag

Bibliografische Information der Deutschen Nationalbibliothek:

Die Deutsche Bibliothek verzeichnet diese Publikation in der Deutschen National-
bibliografie; detaillierte bibliografische Daten sind im Internet über http://dnb.d-
nb.de/ abrufbar.

Dieses Werk sowie alle darin enthaltenen einzelnen Beiträge und Abbildungen
sind urheberrechtlich geschützt. Jede Verwertung, die nicht ausdrücklich vom
Urheberrechtsschutz zugelassen ist, bedarf der vorherigen Zustimmung des Verla-
ges. Das gilt insbesondere für Vervielfältigungen, Bearbeitungen, Übersetzungen,
Mikroverfilmungen, Auswertungen durch Datenbanken und für die Einspeicherung
und Verarbeitung in elektronische Systeme. Alle Rechte, auch die des auszugsweisen
Nachdrucks, der fotomechanischen Wiedergabe (einschließlich Mikrokopie) sowie
der Auswertung durch Datenbanken oder ähnliche Einrichtungen, vorbehalten.

Impressum:

Copyright © 2005 GRIN Verlag GmbH
Druck und Bindung: Books on Demand GmbH, Norderstedt Germany
ISBN: 978-3-638-79111-3

Dieses Buch bei GRIN:

http://www.grin.com/de/e-book/45352/it-security-biometrische-verfahren

GRIN - Your knowledge has value

Der GRIN Verlag publiziert seit 1998 wissenschaftliche Arbeiten von Studenten, Hochschullehrern und anderen Akademikern als eBook und gedrucktes Buch. Die Verlagswebsite www.grin.com ist die ideale Plattform zur Veröffentlichung von Hausarbeiten, Abschlussarbeiten, wissenschaftlichen Aufsätzen, Dissertationen und Fachbüchern.

Fachhochschule Hochschule
Pforzheim für Gestaltung
Technik und
Wirtschaft

Pforzheim University
of Applied Sciences

FACHHOCHSCHULE PFORZHEIM
Hochschule für Gestaltung, Technik
und Wirtschaft

IT-Security –
Biometrische Verfahren

Managementseminar

SS 2005

Marc Hohmann

Studiengang: BWL / WI
Semester: 8

Inhaltsverzeichnis

Verwendete Abkürzungen und Fachbegriffe

- Biometrie   Vermessung lebender Personen

- DNS   (auch: DNA) Desoxyribonukleinsäure
  → genetischer Code des Menschen

- EER   Equal Error Rate: FAR = FRR

- Enrolment   Erfassung der Nutzer im System mit Erstellung einer
  Originalaufnahme eines Merkmals

- FAR   False Acceptance Rate
  → Rate der Akzeptierung einer nicht berechtigten Person

- FRR   False Rejection Rate
  → Rate der Nichtakzeptierung einer berechtigten Person

- FTE   Failure to Enroll
  → Aufgrund schwach ausgeprägter Merkmale ist die Aufnahme einer Person nicht möglich

- IT   Informationstechnologie

- IT-Security Sicherheit und Sicherung der Informationstechnologie

- Matching   Abgleich der Referenzdaten mit den aktuellen Daten

- Minutien   Endungen und Verzweigungen der Papillarlinien eines Fingerabdrucks

- Template   Datensatz mit den extrahierten Daten eines Merkmals

1. Einleitung

IT-Security, also die Sicherstellung der Leistungsfähigkeit der Informationstechnologie durch geeignete Sicherheitsmaßnahmen, ist ein immer wichtigeres Thema. Galten bis vor wenigen Jahren besonders Unternehmen und öffentliche Institutionen als gefährdet, so versuchen die Programmierer von Viren, Trojanern, Würmern und sonstiger Mal- und Spyware heute vermehrt auch die Kontrolle über die Personal Computer von Privatpersonen zu erlangen. Beschäftigten sich bisher überwiegend Systemadministratoren mit der Erkennung und Entfernung schädlicher Software und mit der Zugangskontrolle, so muss heute jeder Computerbenutzer Sorge für entsprechenden Schutz tragen.

Doch IT-Security bedeutet nicht nur den Schutz vor Viren und Co., sondern auch den Schutz der Rechner und der entsprechenden Bereiche vor unbefugtem Gebrauch und Zutritt. Die vorliegende Arbeit beschäftigt sich mit der Sicherung von Datenverarbeitungsanlagen und sicherungsbedürftigen Gebäuden mittels biometrischer Verfahren, also der systemseitigen automatischen Erkennung von Personen. Der Begriff Biometrie bedeutet hierbei die Erfassung und Vermessung lebender Personen. Er stammt vom griechischen bios (das Leben) und metron (das Maß). Das Themengebiet der biometrischen Identifikationsverfahren umfasst unzählige Aspekte, Untersuchungsobjekte und Veröffentlichungen. Es kann im Folgenden also nur ein kurzer Einblick in dieses spannende Forschungsumfeld gewährt werden.

2. Biometrische Merkmale

Die biometrische Erkennung kann über zahlreiche menschliche Merkmale erfolgen. Ohne Anspruch auf Vollständigkeit finden zurzeit folgende individuellen Erkennungszeichen Anwendung:

- Fingerabdruck
- Regenbogenhaut (Iris)
- Retina
- Stimm- / Sprachbild
- Handfläche
- Handgeometrie
- Gesicht
- Handschriftendynamik
- Bewegungsabläufe
- Rhythmus der Tastaturanschläge

Biometrische Merkmale werden dabei in unterschiedliche Kategorien unterteilt. Unter konditionierten Merkmalen versteht man vom Träger selbst angeeignete oder beeinflussbare (und von Dritten eventuell erlernbare) Kennzeichen, wie den Rhythmus der Anschläge auf einer Computertastatur, Handschriftendynamik oder Bewegungsabläufe. Vererbte Merkmale sind dem Träger genetisch vorgegeben und können von ihm nicht verändert oder beeinflusst werden. Hierzu gehören die Handfläche/-geometrie, die Körpergröße und auch die DNS[1]. Zufällige Merkmale sind beispielsweise Fingerabdrücke, Rissbildung der Regenbogenhaut (Iris), Gesichtsform und Stimmbild.

Die beiden letztgenannten Kategorien finden vermehrt bei statischen Verfahren Anwendung. Das heißt es ist nur eine statische Momentaufnahme des Merkmals nötig und keine dynamische Handlung.

---

[1] Die DNS wird von vielen Autoren nicht als biometrisches Merkmal gesehen. Zum einen liegt dies an der Auswertung, die keine sofortige Bestätigung über die Identität erlaubt, zum anderen ist die Bestimmung genetischer Merkmale kein Messverfahren im eigentlichen Sinne.

Dynamische Verfahren, die auf konditionierten Merkmalen aufbauen, haben als Grundlage immer eine Abfolge von Handlungen des Trägers, z.B. Körperbewegungen, Mimikabläufe oder das Schreiben auf einer Computertastatur.

3. Erfassung der Rohdaten

Alle biometrischen Erkennungsverfahren benötigen Referenzdaten, anhand derer die verschiedenen biometrischen Systeme, also die Kombination aus Hard- und Software sowie die Algorithmen des angewandten Verfahrens, die Überprüfung der Identität vornehmen können. Hierzu ist ein einmaliges Erfassen dieser Daten notwendig. Hierzu gehört auch das so genannte Enrolment. Darunter ist die Registrierung des Nutzers im System mit erstmaliger Erfassung des Originalmerkmals (Rohdaten) zu verstehen. Mittels eines in aller Regel herstellerspezifischen Algorithmus wird dieses Original in einen Datensatz umgewandelt, in das sogenannte Template[2].

Beim Enrolment ist die hohe Qualität der erfassten Daten von entscheidender Bedeutung, da alle nachfolgenden Verifikationen und Identifikationen auf dem aus diesen Daten extrahierten Template basieren. Oftmals geschieht der spätere Vergleich unter wesentlich ungünstigeren Bedingungen, beispielsweise wenn der Fingerabdruckscanner verschmutzt oder die der physische Abstand für eine Aufnahme der Regenbogenhaut zu groß ist bzw. das Merkmal anders positioniert dargeboten wird. Hochwertige Basisdaten helfen, höhere Erkennungsraten zu realisieren. Nicht korrekt erfolgte Enrolments sind die häufigste Ursache für hohe Falscherkennungsraten, wie False Acceptance Rate (FAR) oder False Rejection Rate (FRR).

---

[2] Vgl.: Website des Bundesamtes für Sicherheit in der Informationstechnologie
Thema Biometrie
http://www.bsi.bund.de/fachthem/biometrie/einfuehrung.htm

Der eigentliche Abgleich zwischen den Referenzdaten (dem Template) und den aktuell präsentierten Daten wird als Matching bezeichnet. Die tatsächliche Entscheidung über Match oder Non-Match beruht hierbei auf zuvor eingestellten Parametern, die einen Toleranzbereich bilden, in dem biometrische Daten als ‚gleich' erkannt werden[3]. Da die biometrischen Merkmale im Laufe der Zeit naturgemäß leicht variieren, bzw. äußere Einflüsse wie Verletzungen oder optische Veränderungen (Bart, andere Frisur, Brille u.ä.) vorkommen können, ist eine vollständige, fehlerfreie Erkennung in der Praxis nicht möglich. Zwar berücksichtigen viele Systeme mittlerweile derartige Veränderungen, allerdings kann dies nur in einem gewissen begrenzten Rahmen erfolgen.

4. Lebenderkennung

Ein großes Hemmnis bezüglich der Akzeptanz biometrischer Verfahren stellt z.B. die Befürchtung dar, kriminelle Elemente könnten beispielsweise einem tatsächlich Berechtigten die jeweils zur biometrischen Verifikation benötigten Komponenten entziehen, also zur Fingerabdruckerkennung den entsprechenden Finger mit Gewalt abtrennen, um eine positive Verifikation durchführen zu können.

Diese Gefahr ist, so sehr überspitzt sie meist dargestellt wird, nicht gänzlich unbegründet. Biometrische Verifikations- und Identifikationssysteme sollen zwar nur Körpermerkmale lebender Personen zur Berechtigungsprüfung heranziehen, verschiedene Untersuchungen[4/5] haben jedoch ergeben, dass statische Systeme mit relativ geringem Aufwand zu überlisten sind. So werden teilweise nur Fotografien oder Sili-

---

[3] Vgl.: www.bsi.bund.de/fachthem/biometrie/einfuehrung.htm
[4] Vgl.: Matsumoto, T.; Matsumoto, h.; Yamada, K.; Hoshino, S.: "Impact of Artificial Gummy Fingers on Fingerprint Systems", Proceedings of SPIE Vol. #4677, Optical Security and Counterfeit Deterrence Techniques IV, 2002
[5] Vgl.: Thalheim, Lisa; Krissler, Jan; Ziegler, P.-M. ; "Körperkontrolle"; c't 11/2002, Seiten 114-123

kon-/Gelatinekopien des Fingerabdrucks oder einfache Farbbilder bei der Gesichtserkennung benötigt.

Die Lebenderkennung, also die Prüfung, ob der Merkmalsvergleich an einer lebenden natürlichen Person vorgenommen wird, stellt derzeit noch ein großes technisches Problem dar.

5. Verifikation vs. Identifikation

Biometrische Verfahren können prinzipiell in zwei unterschiedliche Einsatzgebiete unterteilt werden: die Verifikation und die Identifikation.

Die Verifikation dient der Überprüfung, ob die vorgegebene Identität mit der tatsächlichen Identität einer Person übereinstimmt. Man spricht hierbei von einem 1:1-Vergleich. Ein zu prüfender Datensatz steht einem Referenzdatensatz gegenüber. Die Prüfung selbst kann positiv oder negativ sein, d.h. die Identitäten stimmen überein, oder sie stimmen nicht überein. Die Verifikation tritt nur zusammen mit einem anderen Identifizierungsmerkmal auf. So ist immer ein Benutzername, eine Chipkarte oder eine ähnliche Identifizierungs-Komponente nötig. Der zu identifizierenden Person ist bei der Verifikation in der Regel bekannt, dass eine Überprüfung erfolgt.

Die Identifikation hingegen dient dem 1:n-Vergleich. Hierbei wird eine bestimmte Person aus einer Gruppe von Merkmalsträgern identifiziert bzw. d.h. ausfindig gemacht. Oft ist den betreffenden Personen bekannt, dass eine Identifikation durchgeführt wird (z.B. Zoll-kontrolle), jedoch nicht immer nehmen die Personen Notiz hiervon. Bei Polizeifahndungen oder der Überwachung öffentlicher Plätze erfolgt die Identifikation meist ohne explizites Wissen der Betroffenen.

6. Fingerabdruckerkennung

I. Allgemein

Die Erkennung des Fingerabdrucks (engl. Fingerprint Recognition) gilt allgemein als das am häufigsten eingesetzte biometrische Verfahren. Die Gründe hierfür sind vielschichtig. Es ist zum einen ein relativ billiges Verfahren, denn derartige Scanner sind in hoher Qualität kostengünstig herzustellen und zu erwerben. Des weiteren genießt die Abnahme des Fingerabdrucks bei den zu Prüfenden in der Regel höhere Akzeptanz und Vertrauen in die entsprechende Technik als viele andere Verfahren (siehe Tabelle 1: Acceptability):

Biometric identifier	Universality	Distinctiveness	Permanence	Collectability	Performance	Acceptability	Circumvention
DNA	H	H	H	L	H	L	L
Ear	M	M	H	M	M	H	M
Face	H	L	M	H	L	H	H
Facial thermogram	H	H	L	H	M	H	L
Fingerprint	M	H	H	M	H	M	M
Gait	M	L	L	H	L	H	M
Hand geometry	M	M	M	H	M	M	M
Hand vein	M	M	M	M	M	M	L
Iris	H	H	H	M	H	L	L
Keystroke	L	L	L	M	L	M	M
Odor	H	H	H	L	L	M	L
Retina	H	H	M	L	H	L	L
Signature	L	L	L	H	L	H	H
Voice	M	L	L	M	L	H	H

Tabelle 1: Parameter biometrischer Verfahren im Vergleich[6]

Anders als z.B. die Photographie der Regenbogenhaut des Auges, welche durch die Lichteinstrahlung während des Scanvorganges den Nutzer blendet, befürchtet niemand ernsthafte Verletzungen durch das Scannen des Fingers. Ein weiterer Aspekt ist die Authentifizierung in Echtzeit, die eine sofortige Bestätigung der Identität ermöglicht. Aufgrund der weiten Verbreitung soll im Folgenden dieses Verfahren etwas genauer beschrieben werden.

---

[6] Vgl.: D.Maltoni, D.Maio, A.K.Jain, S.Prabhakar: Handbook of Fingerprint Recognition, Springer Verlag, 2003, Seite 12

II. Das Verfahren

Die Authentifikation mittels des Fingerabdrucks lässt sich grob in folgendes Schema[7] gliedern:

1. Abtastung des Fingerabdruckbildes
2. Bildqualitätsverbesserung
3. Bildaufarbeitung
4. Musterklassifizierung
5. Merkmalsextraktion
6. Verifikationsphase

a) Abtastung des Fingerabdruckbildes

Die Abtastung des Fingerabdrucks erfolgt heutzutage durch optische Sensoren (manchmal: thermische, kontaktlose 3D- oder sonstige Sensoren). Das hierbei entstehende Bild ist die Grundlage für die spätere Verifikation, d.h. eine möglichst hohe Qualität ist erstrebenswert.

b) Bildqualitätsverbesserung

Durch die Bildqualitätsverbesserung werden die differenten Merkmale des Fingers, die Papillarlinien, hervorgehoben.

c) Bildaufarbeitung

In der Bildaufarbeitung wird eine Skelettierung vorgenommen, d.h. die Papillarlinien werden ausgedünnt, d.h. verfeinert und als pixelbreite Linien dargestellt..

d) Musterklassifizierung

Die Musterklassifizierung kategorisiert die verschiedenen Ausprägungen der Papillarlinien im Wesentlichen in drei Klassen (*Henry-Klassifizierungssystem*): Schleife, Wirbel, und Bogen.

---

[7] Vgl.: BSI-Studie BioFinger:

Schleife   Wirbel   Bogen

Abbildung 1[8]: Hauptausprägungen des Fingerabdruck-Klassensystems

Über 90 % der Fingerabdrücke weisen eines dieser Muster auf. Die Klassifizierung dient der ersten systematischen Selektion.

e) Merkmalsextraktion

Der Vergleich zwischen Referenzdaten und aktuell präsentierten Daten erfolgt bei der Fingerabdruckserkennung meist mittels der sogenannten Minutien. Minutien („kleine Details") sind die Verzweigungen der Papillarlinien des Fingers. Die Extrahierung der Minutien erfolgt durch spezielle, herstellerspezifische Algorithmen aus den Binärbildern.

f) Verifikationsphase

In der Verifikationsphase findet der eigentliche Vergleich der gespeicherten mit den zu prüfenden Merkmalsausprägungen statt (Matching). Die Fingerabdruckerkennung kann sowohl zu 1:1-Vergleichen als auch zu 1:n-Vergleichen (siehe hierzu ‚Verifikation vs. Identifikation') eingesetzt werden.

---

[8] Vgl.: Gromer, S.; Kasper, T.: „Hauptseminar: Der Körper als Passwort – Fingerprints I" (http://www.informatik.uni-ulm.de/ni/Lehre/WS02/HS-Biometrische-Systeme/ ausarbeitungen/SeminarFingerprints-a.pdf)

III.   Beispielhafter Verfahrensablauf[9]

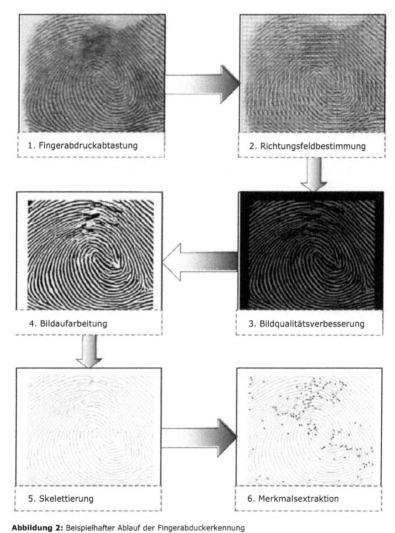

Abbildung 2: Beispielhafter Ablauf der Fingerabduckerkennung

---

[9] Vgl.: BSI-Studie ‚BioFinger'

IV. Einsatz

Der Einsatz der Fingerabdruckerkennung wird in der Regel nur in Bereichen mit niedrigeren Sicherheitsanforderungen eingesetzt. Grund hierfür ist die leichte Barrierenüberwindbarkeit. Durch künstliche Fingerkopien (z.B: Gelatine/Silikon) können derartige Systeme einfach überlistet und unberechtigter Zugriff gewährt werden[10]. Eine Lebenderkennung bieten nur wenige Systeme an.

Anwendung finden Fingerabdrucksysteme zurzeit vor allem in der Sicherung von PC-Arbeitsplätzen und bei Zugangskontrollen zu unkritischen Bereichen wie automatischen Videotheken. In letzteren ist der Einsatz vor Fingerprintsystemen gesetzlich vorgeschrieben. Folgende Einsatzmöglichkeiten zur elektronischen Zugangs-/Zugriffskontrolle sehen Maltoni et al.[11]:

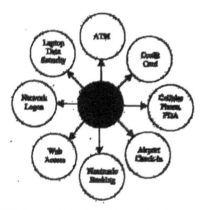

Abbildung 3: Einsatzmöglichkeiten zur elektronischen Zugangs-/Zugriffskontrolle

---

[10] Vgl.: Thalheim, Lisa; Krissler, Jan; Ziegler, P.-M. ; "Körperkontrolle"; c't 11/2002, Seiten 114-123
[11] Vgl.: D.Maltoni, D.Maio, A.K.Jain, S.Prabhakar: Handbook of Fingerprint Recognition, Springer Verlag, 2003, Seite 44

Weitere Einsatzmöglichkeiten sehen die Autoren in [12]:

Polizei / Medizin	Regierung	Kommerziell
- Obduktion	- Passwesen	- Netzwerke
- Fahndung	- Soziale Sicherung	- Datensicherheit
- Terrorbekämpfung	- Grenzschutz	- E-Commerce
- Verwandtschaftstests	- Passkontrollen	- Internet
- Vermisste Kinder/Personen	- Zoll	- Geldautomaten
- u.a.	- u.a.	- Zutrittskontrollen
		- PDAs, Mobiltelefone
		- Medizinische Daten
		- u.a.

Tabelle 2: Einsatzmöglichkeiten biometrischer Fingerabdrucksverfahren

V. Fingerprint Verification Contest

Die Universität Bologna veranstaltet alle zwei Jahre einen wissen-schaftlich populären und Wettbewerb, in welchem Unternehmen, wis-senschaftliche Teams und akademische Gruppen ihre jeweiligen Algo-rithmen zur Fingerabdruckserkennung einem Vergleich stellen[13].

VI.   Persönliche Erfahrung

Mit der Fingerabdruckerkennung konnte ich auch persönliche Erfah-rungen sammeln. Zur Sicherstellung der Einhaltung des Jugendschutz-gesetzes wird bei einer Selbstbedienungsvideothek in Karlsruhe ein Fingerabdruckverfahren eingesetzt, bei dem zur Anmeldung zusätzlich zu einer einzuführenden Chipkarte der Daumen des Ausleihers einges-cannt wird. Die Referenzdaten meines eigenen Daumens sind inzwi-

---

[12] Vgl.: D.Maltoni, D.Maio, A.K.Jain, S.Prabhakar: Handbook of Fingerprint Recog-nition, Springer Verlag, 2003, Seite 43
[13] Vgl.: FVC2000 web site: http://bias.csr.unibo.it/fvc2000

schen ca. ein Jahr alt. In letzter Zeit habe ich vermehrt Probleme, Filme auszuleihen, da meine Daumen-Minutien nicht korrekt erkannt werden. So kommt es vor, dass Ausleihvorgänge nur mit großem zeitlichen Aufwand oder überhaupt nicht zustande kommen. Ein neues Template, also die Erfassung neuer Referenzdaten durch erneutes Einscannen meines Daumenabdrucks würde hier zwar Abhilfe schaffen, allerdings sind die Öffnungszeiten der Videothek so knapp bemessen, dass dies nicht ohne weiteres möglich ist. Meine persönliche Erfahrung mit biometrischen Erkennungsverfahren ist sowohl positiv als auch negativ geprägt. Ich halte zumindest das hier eingesetzte Verfahren – ohne Berücksichtigung der weiteren Umstände wie der angesprochenen Servicezeiten - für noch nicht vollkommen ausgereift. Wenn schon in einem solch unkritischen Rahmen Verstimmungen der Kunden mit vollständigem Geschäftsausfall auftreten, ist meines Erachtens zu befürchten, dass auch in sicherheitskritischeren Bereichen, wie Bankgeschäften oder Zutrittskontrollen zu Sicherheitsgebäuden, obgleich hier natürlich qualitativ hochwertigere Hard- und Software eingesetzt werden, ähnlich Probleme eintreten werden. Positiv ist der Bequemlichkeitsaspekt zu werten, der das Mitführen eines weiteren Identifikationsgegenstandes oder das Merken einer Geheimzahl überflüssig macht.

7. Abbildungsverzeichnis

8. Literatur- und Website-Verzeichnis

- Albrecht, A.: „Biometrische Verfahren im Spannungsfeld von Authenzität im elektonischen Rechtsverkehr und Persönlichkeitsschutz", Nomos Verlags-gesellschaft, Baden-Baden, 2003

- Maltoni,D.; Maio, D.; Jain, A.K.; Prabhakar, S.: "Handbook of Fingerprint Recognition", Springer Verlag New York, 2003

- Matsumoto, T.; Matsumoto, h.; Yamada, K.; Hoshino, S.: "Impact of Artificial Gummy Fingers on Fingerprint Systems", Proceedings of SPIE Vol. #4677, Optical Security and Counterfeit Deterrence Techniques IV, 2002

- Tistarelli, M.; Bigun, J.; Jain, A.K.: „Biometric Authentication (International ECCV 2002 Workshop, Copenhagen, Denmark, July 2002, Proceedings)", Springer Verlag Berlin, 2002

- Zhang, D.; Jain, A.K.: "Biometric Authentication (First International Conference, ICBA 2004, Hongkong, China, July 2004, Proceedings)", Springer Verlag Berlin, 2004

- Borchers, D.:"Der Fortschritt ist messbar – Biometrische Kontrollsysteme im Alltagstest", c't 07/2004, Seite 34 ff

- Krempl, S.: „Biometrie statt Demokratie" c't 26/2004, Seite 54 ff

- Sietmann, R.: „Hype verflogen - Statt Biometrie: Banken setzen weiterhin auf PIN", c't 09/2002, Seite 48 ff

- Thalheim, L.; Krissler, J.; Ziegler, P.-M. ; "Körperkontrolle"; c't 11/2002, Seite 114 ff

- Garfinkel, S.: „Die zwei Gesichter der Biometrie", Technology Review, Heise Verlag
http://www.heise.de/tr/aktuell/meldung/55777

- BSI-Studie: BioFinger
http://www.bsi.de/literat/studien/BioFinger/BioFinger_I_I.pdf

- Leitold, H; Prof. Dr. Posch, R.: "Leitfaden Biometrie – Überblick und Stand der Technik"
Zentrum für sichere Informationstechnologie, Austria

- Gromer, S.; Kasper, T.: „Hauptseminar: Der Körper als Passwort – Fingerprints I"
http://www.informatik.uni-ulm.de/ni/Lehre/
WS02/HS-Biometrische-Systeme/ ausarbeitungen/SeminarFingerprints-a.pdf

- Schuster, A.; Gräßle, T.: „„„Hauptseminar: Der Körper als Passwort – Fingerprints II"
http://www.informatik.uni-ulm.de/ni/Lehre/
WS03/HSBiometrie/ausarbeitungen/SchusterGraessle.pdf

- Website des Bundesamtes für Sicherheit in der Informationstechnologie
  Thema Biometrie
  http://www.bsi.bund.de/fachthem/biometrie/einfuehrung.htm

- Website des Fingerprint Verification Contest 2000 :
  http://bias.csr.unibo.it/fvc2000

- Website von BioTrust
  http://www.biotrust.de

- Website von TeleTrust,
  Arbeitsgruppe 6: Biometrische Identifikationsverfahren
  http://teletrust.de/glossar.asp?Id=60700&Sprache=D_&HomePG=0

www.ingramcontent.com/pod-product-compliance
Lightning Source LLC
La Vergne TN
LVHW042320060326
832902LV00010B/1626